들어오세요

시에시선 **095**

들어오세요

강수원 시집

詩와에세이

시인의 말

바다에서 길어 올린
시 한 동이를 므아 시집으로 묶습니다

명주실을 뽑아내는 누에처럼
아름다운 비단을 짜기 위해 정성을 다했지만
세상 구경도 므 한 유충도 있습니다

늦게 지은
시의 집,

제 영혼 속으로
들어오세요

2025년 여름
강수원

차례__

시인의 말 · 05

제1부

시를 풀다 · 13
봄바람 · 14
봄소식 · 15
상사화 · 16
들어오세요 · 17
단풍 · 18
복수초 · 19
마지막 잎새 · 20
구겨진 경계 · 21
인생극장 · 22
천렵 · 23
갈대 · 24
우화부전(羽化不全) · 25
강남으로 간 생각 · 26
일개미 · 28
아버지 · 29
치매 걸린 꽃 · 30
팬플루트 · 31
꽃비 · 32
황혼 · 33
살아남기 · 34

제2부

갈등 · 37
수리부엉이 · 38
번개 맞은 날 · 39
야생 · 40
외딴집 · 42
가로등 · 43
새벽 · 44
기수지역 · 45
편도선 · 46
손녀의 변비 · 47
낙타의 눈물 · 48
혼자 웃는 달 · 49
아침 밥상 · 50
숙성 · 51
손녀와 놀기 · 52
바로 · 53
응급실 · 54
축축한 하루 · 55
불면 · 56

제3부

아침을 기다리며 · 59
첫사랑 · 60
거친 하루 · 62
꽃비 오는 길 · 64
의료 쇼핑 · 66
달동네 · 67
천태산 · 68
도솔암 · 69
향일암 · 70
백련암 스님 · 71
갓바위 · 72
화암사 · 73
템플스테이 · 74
풍경화 · 75
삼치 · 76
갈치 · 77
갯장어 · 78
갯벌 할머니 · 79
어항 · 80
칠포항 물회 · 81
파도 · 82

제4부

칠산도 · 85
등대 · 86
섬이 타고 있다 · 87
낙월도 · 88
연화도 · 89
내도 · 90
풀등 · 91
여수 밤바다 · 92
연화도 놀이 · 93
지주살이 · 94
성산포 · 96
소매물도 · 97
거문도 · 98
조도군도 · 99
맹골도 · 100
거금도 · 101
가파도 · 102
우도 · 103
원산도 석양 · 104

해설 | 간현심 · 105

제1부

시를 풀다

가슴에 들인 사랑
꽃잎에 싸서, 달빛에 간직하다

흐드러진 글 삶을
영혼으로 받쳐내어 새순을 피운다

비단을 짜기 위해
치열하게 사유의 꽃 피워보지만

하늘빛도
보지 못하는 내 성근 유충들

봄바람

물비늘 타고 온 바람이 발바닥을 간지럽히자

움찔거리는 꽃의 태동,

잠자던 그리움 벌떡 일어나

수줍음도 없이 옷을 벗어던진다

봄소식

늦잠 자다 일어난
섬 개구리

꽃망울 옴실거리는
처마 밑에 붙어 있다가

봄이 오는 소리 먼저 들었는지
우표도 안 붙이고 봄소식을 전해준다

섬 꽃들은
돌담 아래 누워 피는데

섬 아가씨는
육지로, 육지로 눈을 돌린다

상사화

깎아지른 연실봉 바위틈에 기대앉아
바다 내려다보며 그리움을 삭였다

꽃 대궁 길게 세우고
혼자는 외로워 함께 피어올랐다

명주실에 씨방 매달고
잎사귀 보고 싶어 꽃잎을 태우더니

스님 무덤가에
붉게 피었다

들어오세요

밤송이가 떨어지며
땅의 단추를 눌러요

가을 냄새가 눈으로 들어와
숨구멍을 두드려요

들어오세요
목소리와 냄새를 인식하는 문

여름내 무거웠던 짐을 벗어 놓고
가벼운 마음으로 들어오세요

울긋불긋한 아기 손을 만져보세요
해바라기 애틋한 마음을 세어보세요

단풍

입술을 붉게 칠한 광대들이 마을로 내려와

색색으로 옷 갈아입고 동네를 한 바퀴 돌고 있다

찬란한 광대놀이에 가을이 깊어 가는 줄도 모른다

복수초

더위를 못 이기고 쓰러져 버린 병아리

눈 속에서 숨어 자더니

빠끔히 얼굴 내미는 노란 얼굴,

얼음장 뚫고 올리는

봄 술 한 잔

마지막 잎새

하늘을 쳐다보다가
가지에 남아 있는 잎사귀를 본다

떨어진 나뭇잎을 주워 들기에는
엉덩이가 너무 무겁다

가을은 편지 속에 벌써 묻히고
찬 서리를 견디는 나무,
햇살이 나른하다

청명한 하늘과
뿌연 시간이 교차하는 가을날
헐렁한 치마를 입은 여자가 벤치에 앉아
가을의 끝을 붙잡고 있다

구겨진 경계

낙엽 사이로 가을이 구겨지고
따사로운 햇볕이 애기 손을 감싸 안으면
지독한 고뇌가 은행알을 물들인다

고독을 온몸에 두르고
벤치에 내려앉은 냉기를 받아들일 때면
끝 모를 깊이로 빠져드는 우물

어딘가에 서성일 무지개를 찾아보지만
잎 진 가지 사이, 국수 같은 햇살만이 내리꽂힌다

오만이 땅바닥을 구를 때
노숙자의 하루처럼 움츠러드는 어깨가
체온을 갈구한다

인생극장

배우가 된 아이들이 영화를 찍고 있고
부모는 액션을 외친다

대본대로 진행되지 않을 때는
녹초가 되어 가끔 컷을 부른다

뜻하지 않은 사고와 배우들의 일탈에
의욕을 잃기도 한다

영화는 60대가 넘어도 끝날 줄 모르고
흥행 여부에 따라 남은 삶이 결정된다

촬영이 끝나갈 즈음

아이들은 괴물이 되고
부모는 파산한 제작자가 되어 있다

천렵

망태기 가득한 물고기
어머니 품을 나와 팔딱팔딱 뛴다

몸단장 곱게 하고
가마솥에 끓이니 온갖 삶이 녹아내린다

구름으로 거른 다음
바람으로 비린내 잡고 산나물을 넣는다

강과 산이 섞이는 냄새가 사람을 불러 모으면
너른 마당에 둘러앉아
시디신 갓김치 곁들여 한 사발씩 퍼먹는다

어죽 한 그릇이
사람과 사람을 이어준다

갈대

강가에 눈이 쏟아지면
세상 풍파 못 견디는 듯
고개 숙이고 있다가

바람이 어루만져 주지만
모가지 쳐들 줄 모른다

강변을 걷는 사람이 애잔하게 보이는 것은
윤슬처럼 눈물이 번져 올라붙었기 때문

의지와 상관없는
별의 미토콘드리아가

목을 꺾어 놓았다

우화부전(羽化不全)

이불에 누워서 기지개 켜고
날갯짓 위해 벗은 몸 쉬고 있다

날개돋이 보러온 풍뎅이들,

그러나 일그러진 태극무늬
바로 세워보지만 주저앉는다

세상 구경 나가도 불편한 시선뿐,

주눅 든 아기 호랑나비
꽃 속에 숨어 있다

강남으로 간 생각

플랫폼 떠난 기관차
평행선을 달린다

빗금에 기대 나비처럼 날다가
엇갈린 바람에 떨어지는 나뭇잎

강남으로 떠난 생각
움트는 바람에 제비처럼 오려는가

강남 불빛 따라 몰려드는 불나방
네온사인 옆에서 졸고 있다

나방마다 향기를 지니고
강물 빛 굴절, 색깔이 달라진다

남쪽에서 불어오는 바람은
강남 간 내 생각 데리고 오고

봄 따라 올라오는 수많은 색깔,
살갑게 피어나는 생각의 꽃들

일개미

새벽 시간 인력 사무소 앞
행선지를 알 수 없는 차를 타고
두근거림도 없는 여행을 시작한다

성만 있고 이름도 없는 곳에서
하루를 마치고 돌아오는
어깨의 추적거림은 또 다른 내일이다

앞사람의 발만 보고 쫓아가는
별로부터 내려온 노동의 흔적들이
서에서 동으로 행렬을 이루는데

바람을 지고 가는 시간,
길기만 하다

아버지

작은 키에 부스스한 머리
검버섯 핀 얼굴

나이 들수록 유전 인자가 그려 놓은
몸속의 유전자 지도

자전거 뒷자리에 타고
장충단 고개를 지나 야구 시합장에 가던 생각,
중학 입시 때 먹었던 오뎅 백반은
잊을 수 없는 추억인데

자전거가 자동차로 바뀌는 동안에도
그대로 이어진 유전 행렬들

풋풋한 모습이 그려질 때마다
선한 웃음에 겹쳐 떠오르는
아버지 얼굴

치매 걸린 꽃

딸을 기억하지 못하는
아버지가 있어요

가는 곳 어디인지
모른 채 가요

길 잃은 꽃이 돌담에 기대서서
실없이 웃고 있어요

산들에 순서 없이 피는 꽃
벌 나비도 정신없어요

누구인지, 어디인지
어느 때인지도 모르는 꽃들이
앓고 있어요

팬플루트

멀리멀리 보낸다
돌아오지 않을 새처럼

미세한 떨림과 구거운 파문이
점에서 선으로 이어진다

깊은 계곡에서 들려오는 인디언의 숨소리
아픈 영혼을 보듬는 하느님의 목소리

살갗을 통한 울림에
눈물이 난다

꽃비

스물아홉에 홀로 된
할머니가 살고 있는 호숫가
물비늘 타고 올라온 봄이 오두막을 넘어
산으로 달려간다

토방에 앉아
살아온 날을 돌아본다
꽃비 젖은 채 먼 산을 보고 있다

스무 살 꽃다운 나이에 시집와
홀로 산 지 오십사 년

할머니 가슴에
꽃비 진다

황혼

서쪽 하늘이 내려놓은 노을
바다를 물들이며 갈라놓는다

젊음의 잔치는 서른 즈음에 끝나고
해는 중천에 떠올랐다

서쪽으로 향한 길이다
엷은 빛 속에 내리막 치고 있다

미끄러운 하늘길을
시간의 성화에 속도를 낸다

짧은 하루는
노을 속 바다를 가르며
먼 길을 가고 있다

살아남기

　섬광이 번뜩이는 지옥에서 살아남아 보리가 필 때를 기다린다 먼지가 폐를 삼키고, 살갗을 녹이는 태양을 피해 하루를 마치고 돌아오면 허기는 고동을 울리며 아우성이다
　거리는 매캐한 냄새와 곤봉의 아득함뿐, 을지로 골뱅이와 막소주로 뇌를 달랜 후 벌집에 몸을 누이지만 눈꺼풀은 무겁기만 하다 새벽이슬 맞으며 도착한 작업장에서 머리를 싸매고 땀을 흘리니 또 저녁이다
　사막에서 신기루를 그리며 땀 흘리고, 서울에서 부산까지 고속도로를 달린 제품은 세계를 누비며 메이드 인 코리아를 뿌리고 있다 제동 장치 없는 자동차처럼 달려가도 삶은 만만치가 않다
　백화점에서 양손 가득 물건을 들고 시샘 어린 눈길에 아랑곳하지 않은 채 외제 차를 타고 강변을 달리다가 25층에서 내려다보는 풍경도 허전하기만 하다
　코로나19 바이러스는 세계로 퍼져 나가고, 마스크를 사느라 3시간을 기다렸지만 허탕 치고 돌아왔다 숨이 잘 쉬어지지 않는다

제2부

갈등

태양은 동쪽에서 떠서
서쪽으로 지는 줄 알았는데
북쪽에서도 뜨고 남쪽에서도 뜬다

둘은 주기와 크기가 달라
한 개처럼 움직일 수가 없다
하나는 좌측으로 뜨고 다른 하나는 우측으로 뜬다

거리로 쏟아져 나오는 좌우 노른자들
다른 사람의 생각은 아랑곳하지 않고
분노를 터뜨린다

좌우를 가르지 않는
존재가 있는 것도 알아야 하는데
그들만의 리그를 이어 간다

태양은 동쪽에서 떠서
서쪽으로 지는데

수리부엉이

대장장이가 두들겨 만든
곡선의 부리

밤마다 갈고 닦아 바람을 가른다

밤을 즐기려는 자들의 숨통을 노리는 포식자,

작은 쥐는
섬뜩함을 느낄 새도 없이
하늘로 들려 올라간다

번개 맞은 날

술의 하모니,
폭탄이 터지기 시작한다
파편 맞은 얼굴이 벌겋게 피어나고
목소리는 천둥처럼 크다
운율에 맞춰 몸이 흔들리고
눈알은 번쩍번쩍 빛을 토한다

집으로 향하는 길,
비구름이 내리고 별들은 내동댕이쳐진다

매서운 눈빛을 피해 들어간
꿈속,

다른 번개를 맞느라
한바탕 씨름한다

야생

물을 차지하려는
야생의 싸움이 치열하다
죽음의 냄새가 강을 덮으면
몰려드는 악어 떼

하마는 진흙 마사지를 하고
서편 무지개 따라 몰려오는 먹구름,
먼지가 일며 대지는 물을 받아들인다

물방울이 등을 타고 흐르자
수분을 보충한 왕관앵무새가 부리를 다듬는다

야생은 이기기 위한 싸움을 시작하고
승자는 암컷을 독차지한다

아침마다
지하철에서 시작되는 싸움,

승리의 깃발을 꽂으려는 자들의
몸부림이다

외딴집

구름이 내려와
뭉글뭉글 만들어 놓은 집

사람 떠난 지 오래,
고요에 눌려 산새마저 달아나고

망초꽃만 주저앉아
하늘거린다

우산 쓰고 오가는 사람 속에서
산그늘 혼자 쉬고 있다

가로등

돌아서는 연인 얼굴 보일까, 애달프게 지켜보고

술꾼들 어깨동무 빛나도록 등불을 밝혀주네

길고양이 섬즉한 눈 보듬고 지켜주다가

새벽 경적 소리, 화들짝 얼굴 붉히네

새벽

빛이 기지개를 켜자 어김없이 찾아온다
매일 다른 모습으로 달려와 일으켜 세운다

하루를 일찍 열어
기쁨을 데려오기도 한다

신문 배달원이 하루를 시작하고
우유 배달 아줌마도 거리로 나선다

농수산시장의 아우성을 보며
삶의 의지를 다진다

기수지역

누런 강물이 바다로 파고든다
치열한 싸움은 조수의 차이와 방향에 따라
승패가 달라진다

술자리는 부담이 될 뿐 아니라 경비도 만만치 않아
김 대리가 회식 참석 여부를 고민할 때
이 대리는 무엇으로 승리의 도취감을 맛볼까 생각하다,
좋은 아이디어에 손뼉을 친다

황톳물이 바다와 만나는 곳,
많은 물고기들이 다양하게 살아가는데

섞으려는 자와 섞이지 않으려는 자의
싸움이 계속되고 있다

편도선

깊어가는 가을
목구멍에 빨간 꽃이 피었다

열과 함께 찾아오는 꽃,

학교도 못 가고, 먹지도 못하고
삼 일 내내 앓았다

계절이 바뀔 때마다 찾아오는 불청객,

무엇이 무서웠을까
어느 날부터 찾아오지 않는다

손녀의 변비

벌써 보름째
배가 볼록하고 얼굴이 벌겋다
미소 가득하던 아이가 보채기만 한다

모두가 지켜보는 가운데
관장약이 들어가고 이십 분이 흐르자
변을 지리기 시작했다

떡가래 같은 변을 뽑아내더니
한 번 더 쏟아낸다

어른들의 환호성에 놀라 울음을 터뜨리더니

배설의 쾌감 때문인지
스르르 잠이 들었다

낙타의 눈물

사막으로 나온 어미 낙타,
모래바람 타고 오는 흰 별의 숨소리만 듣고 서 있다

두려움과 고통 속에서도
사막의 피부를 느끼며 생명은 탄생하고

새끼는 배고픔에 울부짖으나
어미는 젖을 물리지 않는다

마두금의 애절한 연주와
아낙의 구성진 노래가 초원에 울려 퍼지자

슬며시 한쪽 젖을 내주는
낙타의 눈가에 이슬이 맺혀 있다

혼자 웃는 달

촛불은 밤하늘을 수놓으며 나라를 갈라놓고
좌우의 빛은 서로 옳다고 우기며 패를 나누어 놓고
전파는 티비 속에서 매체를 순종시키고 있다

어디에서 어떤 빛을 받아야
동화 작용을 하며 살 수 있을는지
아득한 혼돈 속에서 갈래갈래 찢기는데

달은
저 혼자
방긋 웃고 있다

아침 밥상

도마 소리가 홀쭉해진 위장을 두드리고
밥알 터지는 냄새가 고막을 흔들기 시작한다

설레는 마음으로 밥상을 마주하자
입안을 휘도는 밥알과 반찬이
감미로운 하모니를 이룬다

먹는 즐거움으로 하루를 시작하니

그 고마움,
이루 말할 수 없다

숙성

벼가 햇볕을 먹고
탱글탱글한 쌀을 잉태하듯이

회도 알맞은 온도를
살갗에 바르면 감칠맛이 난다

사람도 잘 익으면
풍미가 있어 자주 만나고 싶다

그늘에 앉아
삼 일 동안 묵언하는 사내가 있다

손녀와 놀기

입꼬리를 올리며
손녀가 팔랑팔랑 들어온다
한 사람 한 사람 안아주며 애교를 부리더니
방마다 자기 물건이 있는지 확인한다
내 손을 잡고 소파에 앉히더니
콩쥐팥쥐 이야기를 엉터리로 읽어주고,
장난감으로 요리해 입에다 넣어주며
맛있어요? 하고 묻는다
미끄럼틀이 작아 엉덩방아를 찧을 때마다
까르르 웃으며 또 타라고 재촉한다
청진기를 목에 걸고
심각한 표정으로 진찰하더니
주사를 놓으며 괜찮아요? 하고 물을 때,

입가에 저절로 퍼지는
잔물결

바로

버스킹 음악이 산 정상을 울리고
아이의 율동 따라 박수를 치고 있다

음악만 나오면 흔들어 대는 손녀 나림이,
어디서 나오는 신명일까?
어느 곳에서 시작되는 파도일까?

딸은 어릴 때부터 얌전이였고
춤 곁에는 가본 적도 없었다
사위와 친할머니, 친할아버지도 그렇단다

사돈집에서 조사한 결론을
딸애가 가지고 왔다

바로, 외할아버지

응급실

여기저기서 들려오는
신음 소리,
자리 잡고 죽어가는 곤충같이
시간의 낚싯대를 드리우고 있다

구멍 숭숭 뚫린 흰개미 집처럼 온몸은 주삿바늘 자국,
마지못해 모인 자식들은 겉도는 대화를 나누고 있다

갑자기 뛰는 의사와 간호사들,
검은 긴장이 실내를 덮는다

축축한 하루

전쟁과 보릿고개에도
견디고 살아남아

네 아이를 키우느라
젖꼭지가 시꺼멓게 되고
얼굴에는 갯벌 무늬가 깊다

틀니를 하고 먹는 것도 힘들어
맛마저 잃어버렸다

가누기 어려운 몸을 지팡이로 지탱하는 어머니,
정신 기운도 흘러가 자식도 못 알아본 채

축축하게 누워
하루를 보내고 있다

불면

새벽 두 시 반에 뇌가 깨지만
아침은 한참 멀었다

머릿속으로 팬플루트를 연주해도 세 시 반,

노트북에 시를 쓰면서
아침이 오는 날이 많아졌다

약을 먹을까 고민하다가
나이 들어서 그럴 거라고 받아들인다

오늘,
네 시에 눈을 떴더니
아내가 이른 머리를 감고 있다

제3부

아침을 기다리며

어둠의 끄트머리에서
해가 일어나기를 기다리고 있다

움직이는 소리는 크게 들리나
옆에 있는 사람도 일어날 것 같지 않다

가슴을 열고 뛰쳐나가고 싶지만
눈에 보이지 않는 것들이 어른대면서
해가 뜰 것 같지 않기도 하다

모든 것을 깨버릴 수 있는 망치와
호루라기가 필요할 것 같다

찬별이 스러지고 먼동의 얼굴이
아파트 모서리를 붙잡고 일어설 즈음에야
하루를 준비하는 사내가 있다

첫사랑

그녀를 태운 공항버스는
터미널을 빠져나가고 있었다

스무 번의 여름이 기억을 지워버리고
가을 햇볕이 속을 태우는 날

이별은 죽음을 가져오는 것이라고 알던 나이가
또 다른 사랑을 가져온다는 것을
아는 나이가 되었다

서리처럼 살아온 날의 가장자리에서
한 구석을 지키고 있던 그녀가
빨간 립스틱을 바르고 그네에 앉아 있다

허둥지둥 다가가
서늘한 온기에 기대보지만

어설프게 그려 놓은 단풍 사이로

바람이 그네를 지나가고 있다

거친 하루

우울감이 밤새 잠을 깨우더니
아침이 되어서야 하늘에 오른다

용광로 열기에
주변 사람들이 화상을 입기도 하고,
밤마다 들리는 날카로운 소리에
잠을 설치는 날이 늘어간다

하늘로 치솟던 기상과 패기는 길바닥에 던져버리고
눈물과 자신감 결여와 함께 살고 있다

약속을 까맣게 잊고 전철을 타고 오는 중에
친구의 애타는 전화벨만 울리고,
맞은편에 앉은 섹시한 아가씨의 모습에서도
감흥을 느끼지 못한다

발걸음에 연신 무거움을 느끼며,
발개진 얼굴을 방바닥의 찬기로 달래면서

거친 하루를 마감한다

꽃비 오는 길

지독한 두통과 후회가 밀려온다 셀 수도 없는 날을 손 벌려 구걸했고, 다시는 그러지 않겠다고 약속했지만 지킨 적은 한 번도 없었다

이번에는 절대 아닐 거야

꽃놀이패가 눈앞에서 아른거리고, 손이 근질거려 어쩔 줄 모른다 담배 한 대 피워보지만 그것으로 충족되지 않는다 벌떡 일어나 찬물을 한 그릇 마셔보아도 마음을 진정시킬 수가 없다

어머니의 주머니를 뒤지는 손은 멈추지 않았다 아니, 더 빠르게 그 일을 하고 있었다 지폐 여섯 장을 얼른 챙겨 넣고 달려가는 자신이 창피하지 않았다

돌아오는 길,
담배 한 모금 물고 하늘을 쳐다보며 고개를 떨어뜨렸다

오늘도, 손가락 없는 손목을 그려보며
꽃비 오는 길을 걷는다

의료 쇼핑

물리 치료실 침대에 누우니
만져주는 손길과 편안한 기계음,
잠 속에서 끝났음을 알리는 벨이 울린다
주섬주섬 옷을 입고 나선 거리, 햇빛이 낯설다

걸어서 도착한 치과,
긴 의자에 누우라고 한다
강력한 드릴 소리에 몸이 움츠러든다
입안에 구멍을 뚫는 듯했지만
좋아질 거라 생각하고 참는다

오전 오후로 나누어
옆집 할머니가 다니던 길목에서

하루를 소비하고 있다

달동네

뜨거운 하루를 마감하고
집으로 돌아가는 일개미들
산비탈 지고 오르느라 등허리가 힘겹다

보름달이 성근 대문을 비추자
엉거주춤 방에 모여 앉아
수제비 한 사발로 허기를 녹인다

회색 가로등이 하루를 잠재우면

가느다란 어깨로
새벽을 깨운 일개미,

얼굴에 물 찍어 바르고
휘어질 듯 가는 허리로 산비탈을 내려간다

천태산

나풀나풀 내려와
걸개그림에 들어앉아

산객들 눈과 발을 붙들어 맨다

계곡물에 씻긴 시들이
은행나무에 열리고

내일의 시를 품에 안고 시제를 지낼 때

팔랑이는 나뭇잎마다
시가 되는 산

도솔암

노을 물드는 바다가 보고 싶어
처마 끝 쪽문을 열었다

파도에 떠밀려 온 해무는
벼랑에 걸린 암자를 덮고 있다

미황사에서 달려온
기암괴석의 기운에 숨죽이고 있지만

달마산 품속에
세 들어 사는 천상의 세계다

달마고도 걷는 길손에게
물 한 모금, 부처 한 모금 보시하는

스님의 옷자락에서
하늘길이 보인다

향일암

섬 길을 돌고 돌아 물길을 따라
파도가 올려놓은 아득한 절벽에서

스님이 해를 향해 예불을 올리며
바다로 법문을 던지고 있다

금오산 능선마다 거북이 등은
바위가 되어 들어차 있고,

법당에 들어서니
바닷속 법문들이 먼저 와 예불을 올리고 있다

떠오르는 해를 바랑에 담아 두었다가
갓김치와 함께 버무려
길손에게 보시한다

백련암 스님

개울을 건너
조릿대 엮은 길을 오르니
하늘을 덮어버린 그늘은 속세를 등지고 있다

사립문에서 백팔배를 올린 후
암자로 들어선다

새벽 예불 소리가 나무들을 깨우자
새들도 목욕하고 합장을 한다

우람한 어깨를 지닌 스님이
온화한 얼굴로 새들을 맞이하더니

쌀 한 주먹만큼의
화두를 뿌려놓는다

갓바위

소나무가 머리 숙여 참배객을 마중할 때
어머니는 갓 쓴 부처를 올려다보며 소원을 빌었다

살아온 날들을 힘겹게 토해내니
마음이 한결 가벼워졌다

곳간을 채우는 미끄럼 소리는
주지스님 얼굴에 미소를 짓게 하고

참배객들에게 쌀 창고 문을 열어 두어도
산을 오르는 정성을 채우기에는 역부족이다

기도가 산을 오르며 소원을 빌어도
석양은 걸음을 재촉할 뿐

화암사

낙엽이 흘러내리는 비탈을 오르며
온몸으로 산을 받아들인다

깊숙하게 이어지는 계곡,

가도 가도 절집은 나타나지 않고
깎아지른 바위만이 나를 따라온다

깔딱거리며 오르다가 계곡을 올려다보자
눈만 빠끔히 내미는 맑은 얼굴,
맨 살결에 시간의 골이 패여 있다

햇살을 따라 올라가는 돌계단에
어서 오라,
부처의 말씀이 반겼다

템플스테이

욕심, 질투, 원망, 미움을
바랑에 담아 산에 오른다

등허리가 휘어지지만 끝까지 올라가야 한다

묵은 때를 단전에 밀어넣고
번뇌가 녹아드는 명상이 끝나면
티끌까지 씻어내는 통곡의 시간

바닥부터 솟구치는 흐느낌이
계곡의 가장자리 붙잡고 세상 허물을 놓아버릴 때

물의 말도 알아듣지 못한 나,
세포 사이사이 찌꺼기를 토해낸다

풍경화

 항구에 바람 부니
 배가 하늘에서 흔들린다

 어부는 주도와 질펀한 삶을 나눠 마시고, 깃발은 가슴만 펄럭이며 의미 없는 하루를 보내고 있다 갈매기는 고양이 눈으로 파수꾼이 되어 있고, 머리 허연 할머니는 하늘 한번 쳐다브고 밭으로 향한다

 바람 부는 날은
 배가 하늘 항구에 떠 있다

삼치

날렵한 몸매를 자랑이라도 하듯
파도 속을 질주하더니
쏜살같이 달려가 냄새도 없는 미끼를 덥석 물었다
진짜도 못 알아본 어리석음에 놀란 듯,

그 와중에
바닥에 내동댕이쳐지다니
체면은 더욱 말이 아니다

눈 감고
삼 일을 기다렸다가
추자액젓을 몸에 바르고 술꾼들 입맛을 태운다

갈치

밤바다에 하얀 등불 켜지면
고인 눈물 보일까 고개를 숙인다

저녁마다 은가루 바르고 이빨을 다듬어
허리를 곧추세워 먹이를 낚아채 부서뜨린다

동료의 꼬리를 잘라 먹을 정도로 잔인하지만
눈물 가득한 커다란 눈은
한없이 순박하다

얼굴 보기가 쉽지 않은 날은
애인 달래듯 공을 들여야 되지만

보름달 뜨면
은하수 찾아가 꼬리를 치고 있다

갯장어

바다 갯벌에
힘이 장사인 놈이 살고 있다

겨울에는 숨죽이고 지내다가
여름이 오면 제 세상인 것처럼 남해를 활보한다

힘찬 몸부림에 어부도 손대기를 겁내고
잘 물고 늘어져 하모라 불린다

이빨은 어느 것도 부술 수 있고
못생긴 외모 때문에 징그럽기도 하지만

물면 놓지 않는 불독처럼
바다를 주름잡는 사자이기도 하다

갯벌 할머니

타오르는 햇볕이 검은 뻘을 달굴 때
할머니는 쪼그리고 앉아 자신을 캐고 있다

얼굴에 새긴 훈장에서
고단한 연륜이 묻어나는데

자식들 제철 음식 먹이려고
더위와 싸우고 있다

바람이 코끝을 스치자
도시로 나간
아들의 냄새가 밀려들었다

어항

쓰린 속 부여잡고 바다와 마주하다
방파제 밑에 배를 숨긴다

밧줄에 목이 묶여
이리저리 흔들리는 배

집 없는 고양이가
가로등 눈치 보며 지나간다

별조차 집으로 간
바람 부는 어항

술 취한 어부,
길고양이가 간간이 흘리는

살아온 이야기

칠포항 물회

배에서 내리는 참가자미들을
등대가 눈을 크게 뜨고 하나하나 살펴본다

참가자미는 무엇이 마음에 들지 않았는지
오른쪽 두 눈을 흘겨 쳐다보지만
식당 아주머니는 아랑곳하지 않는다

결 따라 썰어진 참가자미가
고추장, 야채와 어우러져 술맛을 부추기자
순식간에 바닥을 드러내는 질그릇

각 얼음 넣고 밥 말아 먹으니
갈매기가 입맛 다시며 맴돌고
파도도 방파제를 넘는다

파도

솔바람 소리 귀 기울여 일렁이는 물결은
생각이 여유로워 모두를 보듬고

미움을 몰고 오는 거친 물비늘은
된바람 너울로 가슴을 흔드는
시계추가 되고

사람 사이
생기는 중력은

모래를 실어다
섬을 빚어 놓는다

제4부

칠산도

허물어진 집과 메마른 벌판
도시의 삶이 달처럼 다가오네

갈 곳 없는 새들의 한숨
어부의 덥수룩한 수염이 덮어주네

파시에 떠 있는 등불
사라진 지 오래

칠산이는 아직 잠에서
깨어나지 못하네

점점이 떠 있는 섬
수평선에 지고 있네

*칠산도: 전남 영광 앞바다에 있는 섬

등대

목 길게 빼고
지는 햇빛 드리워진
빈 바다를 본다

갯바위 언저리에 바람막이로 서서
오지 않는 섬을 기다리는 양치기

파도가 달려갈 때
섬은 구름에 떠 있는 한 송이 들마꽃

바람에 실려 오는 섬 향기 맡으러

오늘도
육지 끝 모퉁이에
홀로 서 있다

섬이 타고 있다

섬 그늘 타고 온 연기와
역겨운 냄새

무지개 핀 방파제 아래
헐떡이며 숨 고르는 물고기들

섬 길에는 검게 화장한 호리새
십자가와 눈 맞춘다

노을 속에 핀 어두운 그림자 섬을 덮고,
육신에 뿌려진 방부제 냄새가 코를 찌른다

연기와 기름에 녹는 섬
지구가 타고 있다

낙월도

계마 항 갈매기 물비늘 보듬은 채
달맞이 손 마중한다

큰 갈마골 해변 숲에서 달을 바라보다가

두고 온 얼굴 생각나서
마음 한켠 아려온다

별똥별 쏟아지는 장벌 해변
달그림자 밟던 노인,

서러운 삶을
돌려세운다

연화도

해룡이 보덕암을 가다가
갯바위 주저앉아 조각 섬이 되었네

해수관음상 그늘이 불심을 깨워
바다에서 길어 올린 부처의 메시지가
연꽃으로 피었네

파도와 함께 온 등짐을 내려놓고
연화사 뒤뜰의 연꽃을 돌아보네

삶의 무게가
솜털보다 가볍네

내도

파도를 얼러
데려온 작은 섬

만 개의 꽃을 달라고
용왕에게 빌었지만

문안에 가둬 놓고
동백만 피도록 요술 걸었네

안개 벗삼아
걸어가는 동백 숲길,

하늘길을
닮았네

풀등

사승봉도 앞자락에 모래알 쌓아 놓고
하루에 두 번씩 등허리를 보여준다

바다에서 태어난 사막,

보고프면 없어지고, 기다리면 얼굴 들어
별밤 음악회 같은 운율로 나타난다

은하 찾아
타고 갈 낙타를 불러보지만

바다는 낙타를 가두고
풀등을 내놓는다

여수 밤바다

포장마차에서 운율이 묻어나는 밤에는
여수 바다에 있어야 한다

돌산도 성근 그림자 항구를 덮어 오면
밤바다를 화장하는 케이블카 불빛

산중턱 카페에서 커피를 마시고
이순신 광장에 내려서
한마음으로 여수 밤바다를 합창한다

빨간 등대의 웅성거림은
시간을 조금씩 밀어내고
하나둘씩 어깨 붙이며 하나가 된다

구봉산 별들도
제 집을 찾아갈 즈음
바다에서는 해무가 고개를 쳐든다

연화도 놀이

바다에 빠진 연꽃이
하루를 시작한다

구름은 파도를 만들고
조개들은 바다 언덕을 날아다닌다

개미들은 부처에게 시주하며 오르락내리락,

연화사에서 시작된 놀이는
보덕암을 지나 바다에 빠져든다

배가 싣고 온 하루를
횟집 어항에서 숙성시켜 먹고

암자에서 추스른 삶,
배낭에 지고 온다

제주살이

곶자왈이 눈 비비며
아침을 맞는 섬

올레길 오롯이 누리며
한라에 기대어 살아보기로 한다

비릿한 외로움이 뭍으로 향하고
비 오는 마라도의 솟구치는 그리움은
오름 속에 세 들어 나갈 줄을 모른다

한 잔 술에 노을을 섞어
아침이 올 것 같지 않은 검은 바다에서
술과 함께 잠을 청한다

성산포 해가 바다를 깨우면
어디로 가서 무엇을 할까

얼얼해진 속을 미역 줄기로 풀고

어디론가 달려가는 사내가 있다

성산포

성산포에 비가 내리면
나는 바다의 안부를 묻고, 바다는 내 안부를 묻는다

어디서 시작된 인연인가,

그림만 떠올려도 가슴 한쪽이 뭉클한
노을 진 바다

숨은 단어들을 꺼내 널어 말린다
마른 글자들은 성산포에서 만나 시가 되었다

시가 된 문장들은
읍내를 서성이며 짠내를 만끽했다

성산포에 비가 내리면
나는 바다의 안부를 묻고, 바다는 내 안부를 물었다

소매물도

섬돌에 올라서서
처마 끝에 걸린 바다를 본다

뿔소라 밭에 들어간 해녀
오르내리며 숨비소리 뱉어낸다

은하수 눈물 찍어
등대섬 불을 켜놓았더니,

몽돌밭 수평선 너머
날아드는 별똥별

숨 터 있는 하늘길
산으로 가고 있다

거문도

어지러운 시간과 씨름하다가
흔들리는 육지를 밟는다

밤새 뒤척인 후박나무는
자리를 박차고 일어나 아침을 맞이하고
수월산 그림자는 동백의 진한 향을
마을 구석마다 뿌려놓는다

서도 동백 숲 터널을 지나니
하얀 등대가 아슬아슬하게 바위를 밟고 서 있다

영국인 이름이 새겨진 묘비에는
푸른 이끼가 둥지를 틀고
항구의 여린 등불에 갈치 파시는
흔적조차 없어진 지 오래,

물길 넘어 백도에서
갈매기들이 거문 형님의 안부를 묻는다

조도군도

시린 물속을 다니다 걸어 나온 새 떼,
목 길게 빼고 어미를 졸라댄다

물속에 머리 박고 자라는 새들은
꽁지깃을 긍들여 치장하는데

목말라 찾아온 사람들은
물안개 속 던 산만 바라본다

섬이 잠에서 깨어나자
후박나무도 후드득 몸을 턴다

맹골도

바람도 불지 않는데 섬은 무너져 내리고
가라앉은 섬 속에서 사람들이 살고 있다

무섭지도, 서럽지도 않은가 봐?

이틀에 한 번씩 들어오는 배를 기다리며
먼바다만 바라보고 있는데,

섬은 떠오를 줄 모르고
시간은 저 혼자 가고 있다

서거차, 맹골의 거센 골물에 넘어진 이야기들을
방파제에 널어 말리고 있다

거금도

녹동항 뱃머리에 올라탄 갈매기
금 캐러 가자고 아침부터 성화다

발가락 마디를 삼켜버린 소록도 물길은
수평선을 이루며 거금대교를 건넌다

아련하게 보이는 봉수대 연기 따라
섬 그림자는 홀로 거닐고,
팔색조가 어미 찾는 숲길에는
산에서 내려온 파도만 철썩거린다

말발굽 소리 울릴 때 재갈을 물려
바다에 던져 놓은 조약돌이
금빛 되어 산을 오른다

가파도

수평선에 묻혀 있는 기다란 섬이
바람에 가라앉을 것만 같아
모슬포 방파제에 앉아
지켜본다

청보리밭을 지나
교회가 보이는 들판에 서서
일어섰다 사라지는 모슬포를 바라본다

마라도의 거친 파도가 마을 길을 덮칠 것 같아
둘레길을 걷는 내내 조바심이 난다

가느다란 섬에서 피어오르는
알 수 없는 연민

우도

파도에 밀려온 푸른 소가
등대를 베고 비스듬히 누워 있다

바람이 갯바위를 어루만지면
섬은 웅성거리며 사투리를 뱉어내고

산호의 슬픈 이야기가 서빈해수욕장에 널리자
달빛은 그 이야기들을 봉창에 담았다

가슴을 맞댄 집들 사이를 올레길이 이어주며
갯가로 나가는 숨통을 터주고,

동굴에서 벌레들이 음악회를 시작하자
등대에 모여든 반딧불이도
절벽의 단어로 뛰어들었다

원산도 석양

백사장 그늘이 마실 나오면
해는 논을 가로질러 산을 넘는다

조개들이 숨어서 엿듣고 있었다,
주름꽃 핀 할매들의 신음 소리를

오봉산 자락에 둥지 튼 새들이
하릴없이 바닷가를 거닐고 있을 때

끝없는 갯벌은
석양에 흔들리고 있다

해설

염결(廉潔)한 정신으로 빚은 시혼

안현심(시인·문학평론가)

1.

시는 삶의 양상을 문자로 표현한 예술 양식이다. 여기서 '삶'이란 내 삶이어도 좋고, 타인의 삶이어도 좋다. 그러한 삶의 이야기에 미학을 가미해 감동하도록 쓰는 것이 시다. 이렇게 쓴 작품을 읽은 독자는 자신을 성찰하며 삶의 질을 높이기 위해 애쓸 것이다. 독자에게 교훈을 주고 정서적 감동을 전달해 이 세상을 아름답게 만드는 것, 이것이 시를 쓰는 목적이다.

시라는 장르가 추구하는 시 쓰기의 기법을 함축적으로 정리해 놓은 것이 '시론'이다. 좋은 시를 분석하다 보면 시론이 지시한 기법들이 여기저기 도입돼 있는 것을 발견할 수 있다. 시인의 자질을 천부적으로 타고났다하더라도 좋은 시를 쓰려면 시론을 공부해야 한다. 천부적인

끼에 이론이 가미된다면 잘 익은 알밤처럼 견고한 시를 낳을 수 있을 것이다.

어떠한 삶을 살았느냐에 따라 시 세계는 달라지기 마련이다. 농부의 시는 농사에 대한 비유가 많을 것이고, 장사꾼의 시는 장사에 대한 철학이 내재할 수밖에 없다. 어떠한 환경에서 어떠한 비유를 쓰더라도 자신만의 색채를 지닌 시를 구현하는 것이 개성적인 시 세계를 구축하는 지름길이 될 것이다.

강수원 시인을 생각하면 먼저 '바다 이미지'가 오버랩되어 온다. 그의 삶과 시에서 바다는 간과할 수 없는 대상으로 자리매김하는데, 이때의 바다는 '낚시'와 더불어 '섬에 대한 사랑'까지를 포함하는 상위 개념을 지칭한다. 바다를 흠모하고, 오래 경험한 것은 강수원 시인의 시 세계를 독특하게 구축하는 데 도움이 되었을 것이 분명하다.

2.

시인이라면 한 번쯤 자기 시에 대한 결핍을 타진하고 그 개선책으로서의 향방을 고민하는 시를 써볼 것이다. 이것은 시인이 '자화상'을 쓰고, 화가가 '자화상'을 그리며 객관화시킨 자신을 들여다보는 행위와도 같다. 이러한 시간은 자기 작품을 점검하고 성찰하는 계기를 만들어

줄 것이다.

    가슴에 들인 사랑
    꽃잎에 싸서, 달빛에 간직하다

    흐드러진 글 심을
    영혼으로 받쳐내어 새순을 피운다

    비단을 짜기 위해
    치열하게 사유의 꽃 피워보지만

    하늘빛도
    보지 못하는 내 성근 유충들
                      —「시를 풀다」전문

  인용한 작품 「시를 풀다」에서 "가슴에 들인 사랑"은 시의 잉태를 은유한 것으로 이해할 수 있다. 시의 씨앗을 꽃잎으로 싸고 달빛에 간직하다가 글 심이 흐드러지면 영혼의 체로 걸러 새순을 피운다고 형상화한 것으로 보아, 시 한 편을 내놓기 위해 지극한 정성을 쏟고 있는 것을 알 수 있다.
  그처럼 치열한 사유를 거쳐서 내놓아도 내 시는 결국

"하늘빛도/보지 못하는" "성근 유충"에 지나지 않는다. '성글다'는 것은 촘촘하지 못하고 엉성한 상태를 말하며, '유충'은 나비가 되지 못하고 애벌레에 머문 상태를 은유한다. 이와 같이 치열한 시 정신이 수반되지 않으면 생명력을 얻기 힘든 것이 시이다.

이 작품의 저변에는 '내가 잘 쓰고 있는지, 허튼소리나 나열하고 있지 않은지' 심각한 고민이 내재 되어 있다. 이러한 고민은 시인이라면 꼭 거쳐야 하는 통과의례일 것이다. 새가 알을 깨야 새로운 세상을 만나듯이, 더 높은 시를 만나기 위한 고뇌이다.

  물비늘 타고 온 바람이 발바닥을 간지럽히자

  움찔거리는 꽃의 태동,

  잠자던 그리움 벌떡 일어나

  수줍음도 없이 옷을 벗어던진다
  　　　　　　　　　　　　　　—「봄바람」 전문

시인은 특히 계절의 변화에 민감한 사람이다. 이것을 확대 해석하면, 우주 현상에 대한 직관력이 강한 사람이라고 언급할 수 있겠다. 계절이 오가는 것을 가장 먼저 인지하고, 계절의 뿌리가 어디서부터 꿈틀거리는가도 날카롭게 포착하는 것이 시인 또는 예술가이다.

시 「봄바람」은 봄이 오는 현상을 명징한 이미지로 제시하고 있다. "물비늘 타고 온 바람이 발바닥을 간지럽히"면서 "꽃의 태동"은 시작되는데, 발바닥은 성감대 중 하나로서 바람이 간지럽히면 "잠자던 그리움"이 "벌떡 일어나//수줍음도 없이 옷을 벗어던"지는 것이다.

생물학적으로 꽃은 식물의 성기이며, 꽃 속에서 수정이라는 짝짓기 행위가 일어나야 열매를 맺지만, 문학 작품에서는 꽃 자체를 짝짓기 행위의 결과로 인식하기도 한다. 강수원 시인 역시 그러한데, 그것은 "꽃의 태동"을 위해 "수줍음도 없이 옷을 벗어던진다"라고 형상화한 부분이 증명해준다. 꽃을 피우기 위해 성행위를 암시하는 은유를 도입하고 온 것이다.

> 밤송이가 떨어지며/땅의 단추를 눌러요.//가을 냄새가 눈으로 들어와/숨구멍을 두드려요//들어오세요/목소리와 냄새를 인식하는 문
>
> ―「들어오세요」 부분

앞의 작품이 '봄'의 이미지를 형상화하고 있다면, 시

「들어오세요」는 가을의 태동을 이미지화한 작품이다. 타인의 집을 방문하려면 초인종을 눌러 방문객의 존재를 알려야 하듯, 가을도 땅의 단추를 눌러야 가을을 열 수 있는데, 그 단추를 누르는 손은 '떨어지는 밤송이'이다. 밤송이가 떨어질 때는 가을도 무르익는다는 사실에 착안하여 밤송이가 가을의 문을 열고 들어간다고 비유한 상상력이 생경하고도 참신하다.

"가을 냄새가 눈으로 들어와/숨구멍을 두드려요"라고 한 형상화에는 공감각적 이미지가 차용되고 있다. '가을 냄새'는 후각 이미지인데 코로 들어온다고 하지 않고, '눈으로 들어온다'고 표기한 것은 상반적인 이미지를 나란히 도입함으로써 긴장감을 불러일으키기 위한 장치이다. 이러한 기법은 러시아 형식주의자들의 '낯설게 하기' 기법과도 상통하는 바가 있는데, 그들은 문학 작품의 언어 형식에 극도로 집착함으로써 '밥을 먹는다'라고 쓰지 않고, '밥을 입는다' 등의 표현을 즐겨 쓴 자들이기도 하다.

가을 냄새가 방문하자 그 목소리와 냄새를 인식하는 문은 손님을 반가이 맞이한다. 여기서 "목소리와 냄새를 인식하는 문"으로서의 '가을'을 천착해 볼 필요가 있다. 시에서는 가을로 상정하고 있지만, 봄이나 여름, 겨울 등 어느 계절을 도입해도 상황은 마찬가지다. 계절은 감각 이미지와 시각 이미지를 자극하는 신비로운 능력을 지니고 있기 때문에 이미지 묘사를 중요하게 여기는 문학 작품에 자주 등장해 왔다.

　　더위를 못 이기고 쓰러져 버린 병아리

　　눈 속에서 숨어 자더니

　　빠끔히 얼굴 내미는 노란 얼굴,

　　얼음장 뚫고 올리는

　　봄 술 한 잔

　　　　　　　　　　　　―「복수초」전문

　복수초는 눈 속에 핀 연꽃이라 하여 '설연화(雪蓮華)'라고도 하고, 얼음 사이에서 핀다 하여 '얼은새꽃', 주변의 눈을 녹인다 하여 '눈색이꽃' 등 여러 호칭으로 불린다. 그러나 무엇보다도 선명한 정체성은 노란 병아리처럼 귀엽고 예쁘다는 것이다.

　그런 병아리가 "더위를 못 이기고 쓰러"진 후 "눈 속에서 숨어 자더니" 이른 봄 얼음장을 뚫고 빠끔히 얼굴을 내민다. 그 모습이 마치 봄 술잔과도 같다고 묘사하고 있는데, 꽃 모양에서 술잔의 이미지를 차용해 왔을 뿐 아니라, 봄을 알리는 의식처럼 술을 올린다는 상상력이 참으로 참신하다. 시 「복수초」는 아름다운 이미지를 형상화한 수작(秀作)이라고 하겠다.

　계절의 특징을 형상화한 또 다른 작품 「단풍」을 보면, 가을이 찾아와 단풍드는 현상을 "입술을 붉게 칠한 광대들이 마을로 내려와//색색으로 옷 갈아입고 동네를 한 바퀴 돌고 있다//찬란한 광대놀이에 가을이 깊어 가는 줄도 모른다"(「단풍」 전문)라고 형상화함으로써, 단풍이 마을을 물들여 가는 과정을 역동적으로 형상화하고 있다.

　3.
　시인 중에는 다른 예술 분야에도 전문성을 지닌 사람이 많다. 예술적인 '끼'는 장르 전반에 내재하고 있다가 문을 두드렸을 때 그 분야에서도 발휘될 것이기 때문이다. 강수원 시인은 오래전부터 남미의 전통악기인 팬플루트 연주에 몰두해 왔다. 악기를 다루며 음악의 세계를 체화한 것은 시 쓰는 데도 많은 도움이 되었을 것이다. 즉, 한 나무의 속성만 아는 것보다는 두 나무의 특징을 알아서 조화롭게 발전시킬 수 있었을 것이라는 의미이다.

멀리멀리 보낸다
돌아오지 않을 새처럼

미세한 떨림과 무거운 파문이
점에서 선으로 이어진다

깊은 계곡에서 들려오는 인디언의 숨소리
아픈 영혼을 보듬는 하느님의 목소리

살갗을 통한 울림에
눈물이 난다

―「팬플루트」 전문

  인디언들은 고유의 문명을 이루었지만, 선진 문명을 전달해야 한다는 미명하에 유럽 침략자들이 짓밟고 말았다. 인디언 중에서도 지도자격인 주술사들은 학살을 피해 높은 산으로 숨어들었으니 공중도시 마추픽추가 그곳이다. 비극적인 역사 때문인지 팬플루트의 음색은 맑으면서도 애달픈 정서를 불러일으킨다.
  '철새는 날아가고'라고 해석되는 페루의 민중음악 「엘 콘도르 파사(El condor pasa)」는 독립운동가 '호세 가브리엘 콘도르칸키'를 추모하는 데서 시작되었다. 강수원 시인은 팬플루트를 불며 자신의 음악을 "돌아오지 않을 새처럼" "멀리멀리 보낸다"라고 형상화하고 있는데, '돌아오지 않을 새'는 페루의 민중이 기다리는 독립운동가이기도 하고, 그들이 신성시하는 '콘도르' 또는 잃어버린 역사를 은유한다고 하겠다.

새를 멀리 보내는 심정으로 팬플루트를 불면, 잃어버린 지도자를 그리워하는 애달픔이 팬플루트 음색에 실려 안데스산맥을 떠도는 듯, "미세한 떨림과 무거운 파문이/점에서 선으로" 이어지면서 "깊은 계곡에서 들려오는 인디언의 숨소리" 같기도 하고, "아픈 영혼을 보듬는 하느님의 목소리"같이도 느껴진다. 이러한 떨림과 설렘은 시 쓰기에도 반영되어 시 같은 음악, 음악 같은 시의 탄생을 기대해 봐도 좋을 것이다.

    대장장이가 두들겨 만든
    곡선의 부리,

    밤마다 갈고 닦아 바람을 가른다

    밤을 즐기려는 자들의 숨통을 노리는 포식자,

    작은 쥐는

섬뜩함을 느낄 새도 없이
　　하늘로 들려 올라간다

　　　　　　　　　—「수리부엉이」 전문

　수리부엉이의 부리와 발톱은 대장장이의 작품처럼 멋진 곡선의 형태를 지니고 있다. 날카롭게 휘어져 한번 찍히거나 움켜쥐어지면 절대로 벗어날 수가 없다. 그것은 야생을 살아내기 위해 선택적으로 진화한 결과일 것이다.
　수리부엉이는 낮에는 날개 접고 죽은 듯이 자다가 밤이 되면 먹이 활동을 시작한다. 즉, "밤을 즐기려는 자들의 숨통을 노리는 포식자"가 되는 것이다. 따라서 작은 쥐가 "섬뜩함을 느낄 새도 없이/하늘로 들려 올라"가는 것은 순식간의 일이다.
　이 시는 수리부엉이의 날카롭고도 섬뜩한 행동 양상을 긴장감 있게 표현하고 있다. 작은 쥐를 낚아채기 위한 행위를 구체적이고 현장감 있게 형상화함으로써, 먹고 먹히는 야생이 미적으로까지 느껴지는 아이러니를 보여준다. 어떠한 환경에서도 아름다움을 포기하지 않는 것, 그것이 시의 본질이라면 좋은 작품이 아닐 수 없다.

　　두려움과 고통 속에서도

    사막의 피부를 느끼며 생명은 탄생하고

    새끼는 배고픔에 울부짖으나
    어미는 젖을 물리지 않는다

    마두금의 애절한 연주와
    아낙의 구성진 노래가 초원에 울려 퍼지자

    슬며시 한쪽 젖을 내주는
    낙타의 눈가에 이슬이 맺혀 있다
                      —「낙타의 눈물」부분

  낙타는 무리 지어 서식하지만 출산할 때는 홀로 사막으로 나간다. 출산하는 장면을 누구에게도 들키지 않으려는 야생의 본능일 것이다. 그렇게 몸부림치며 출산하고도 새끼에게 젖을 물리지 않거나 돌보지 않는 어미 낙타가 있다. 출산의 고통이 너무 커서 산후 우울 증상을 겪고 있는 것이다. 그럴 때 유목민들은 마두금을 연주하고 노래를 부르면서 어미 낙타를 쓰다듬는다. 그렇게 달래다 보면, 어미의 마음이 돌아와 새끼를 갖다 대도 내치지 않는다.
  "마두금의 애절한 연주와/아낙의 구성진 노래가 초원

에 울려 퍼지자//슬며시 한쪽 젖을 내주는/낙타의 눈가에 이슬이 맺혀 있다"라고 형상화한 부분을 읽을 때, 독자들은 인간 어미를 유추하며 공감의 눈물을 흘리지 않을 수 없다. 인간이나 짐승이나 원초적인 측면에서는 다를 바 없다고 작품이 넌지시 말해주고 있다.

4.
강수원 시인의 작품을 일괄해 보면, 계절이 오가는 현상을 포착한 작품들과 손녀에 대한 사랑 등을 형상화한 작품도 있지만, 바다를 소재로 삼은 작품이 주류를 이룬다. 실제로도 시인은 정년 이후 '바닷가 살이'를 체험하며 바다를 체화한 경험을 갖고 있다.

쓰린 속 부여잡고 바다와 마주하다/방파제 밑에 배를 숨긴다//밧줄에 목이 묶여/이리저리 흔들리는 배//집 없는 고양이가/가로등 눈치 보며 지나간다//별조차 집으로 간/바람 부는 어항//술 취한 어부,/길고양이가 간간이 흘리는,//살아온 이야기
　　　　　　　　　　　　　—「어항」 전문

시 「어항」은 바다를 소재로 쓴 시들의 '총론' 혹은 '개론' 격이라고 할 수 있다. 다른 시들이 바다의 한 부분을 묘

사하고 있다면, 「어항」은 그들이 모인 곳으로 진입하기 위한 사립문 역할을 하는 것처럼 보이기 때문이다.

제1연은 어부의 고된 일상을 담담하게 묘사하고 있다. "쓰린 속 부여잡고 바다와 마주하다/방파제 밑에 배를 숨"기는데, '쓰린 속'은 숙취로 인한 속 쓰림일 것이라는 생각이 든다. 조업을 하거나 건축 현장의 노동자 또는 농사꾼들은 노동의 고단함을 술로 달래는 경우가 많기 때문이다. 하루 조업을 마무리하고 방파제 밑에 배를 매놓지 않으면 밤새 풍랑이 일어 부숴버릴지도 모를 일이다.

"별조차 집으로 간/바람 부는 어항"에는 "술 취한 어부"와 "길고양이가 간간이 흘리는//살아온 이야기"만이 적막을 더하고 있을 뿐이다. 작품의 이미지가 쓸쓸한 것으로 보아 시를 쓸 당시 시인의 마음도 쓸쓸했을 것이라고 짐작된다. 똑같은 환경이나 현상을 보더라도 화자의 마음 상태에 따라 풍경은 다르게 태어날 것이기 때문이다.

시는 즐겁거나 시끄러운 군중 속에서 태어나지 않고, 고독을 먹이삼아 태어나는 외로운 생명체이다. '술 취한 어부'와 '길고양이'는 풍요롭지 못한 어항의 정경을 더욱 쓸쓸하게 만들어주는 객관적 상관물의 역할을 충실히 이행한다.

　　날렵한 몸매를 자랑이라도 하듯

파도 속을 질주하더니
쏜살같이 달려가 냄새도 없는 미끼를 덥석 물었다
진짜도 못 알아본 어리석음에 놀란 듯,

그 와중에
바닥에 내동댕이쳐지다니
체면은 더욱 말이 아니다

눈 감고
삼 일을 기다렸다가
추자액젓을 몸에 바르고 술꾼들 입맛을 태운다
—「삼치」전문

 강수원 시인은 '낚시 마니아'이다. 어종이 몰려올 때에 맞춰 갈치, 삼치, 농어, 도미 등등을 낚아 올린 것으로 안다. 그런가 하면, 안 가본 섬이 없을 정도로 섬 여행 전문가이기도 하다. 인용한 시 「삼치」도 낚시 현장의 경험을 시화(詩化)한 작품이다.
 다큐 프로그램에서 삼치잡이 어선을 시청한 적이 있는데 삼치는 굉장히 빠르고 힘도 무척 센 바다 생선이었다. 빨리 달리는 것을 좋아하기 때문에 낚싯줄도 가만히 드리우지 않고 움직이며 유인한 것으로 기억한다. 미끼는 형광빛을 발하는 가짜 모형이었다. 도망가는 가짜 미끼를 고누고 전속력으로 달려와 덥석 물어버리는 것이다. 삼치의 무모한 행위가 "진짜도 못 알아본 어리석음에 놀란 듯"이라는 형상화에 구체적·해학적으로 묘사되어 있다.

가짜 미끼에 속은 것도 황당한데 뱃전으로 끌려와서는 바닥에 내동댕이쳐지는 수모까지 당한다. 기운으로 맞서다가는 놓칠 수 있으므로 사정없이 내동댕이쳐 제압하는 것이다. 마지막 연의 "눈 감고/삼 일을 기다렸다가/추자 액젓을 몸에 바르고 술꾼들 입맛을 태운다"라는 표현은 3일 동안 숙성시켜야 회 맛이 좋아진다는 의미일 것이다.

수평선에 묻혀 있는 기다란 섬이
바람에 가라앉을 것만 같아
모슬포 방파제에 앉아
지켜본다

청보리밭을 지나
교회가 보이는 들판에 서서
일어섰다 사라지는 모슬포를 바라본다

마라도의 거친 파도가 마을길을 덮칠 것 같아

둘레길을 걷는 내내 조바심이 난다

가느다란 섬에서 피어오르는
알 수 없는 연민

—「가파도」 전문

시 「가파도」는 작은 섬에 대한 연민을 내재하고 있다. 풍랑이 일어 마을 길을 덮칠 것 같아 조바심이 나고, 바다에 묻혀버릴 것 같아 모슬포에서 눈을 떼지 못한다.

화자는 "가느다란 섬에서 피어오르는" 연민의 근원을 자신도 알 수 없다고 형상화하고 있다. 이처럼 알 수 없는 연민이 바다를 그리워하며 서성이게 했는지도 모른다. 연민은 사랑보다 성숙한 감정으로 심연 깊은 곳에 자리 잡고 있으며, 따뜻한 마음을 내게 하는 근원이기도 하다. 연민의 눈으로 세상을 보면 모두가 아름다울 뿐이다. 시 「가파도」는 갖수원 시인의 작품 중 연민이 가장 아름답게 함축된 작품이다.

5.
필자는 서두에서, 시는 인간의 삶을 떠나서 존재할 수 없다고 언급한 바 있다. 한 인간이 사는 동안 수많은 길을 걸을 터인데, 그곳에서 만난 인연과의 정서적 교감은 오래오래 잊히지 않을 것이다. 가장 밀접한 인연은 어머니 아버지와 배우자 그리고 자식일 것이고, 성장하면서 학교 동창, 직장 동료가 있겠으나 그중에서도 애상을 불러일으키는 대상은 이성으로서 스쳐간 인연이다.

그녀를 태운 공항버스는
터미널을 빠져 나가고 있었다

스무 번의 여름이 기억을 지워버리고
가을 햇볕이 속을 태우는 날

이별은 죽음을 가져오는 것이라고 알던 나이가
또 다른 사랑을 가져온다는 것을
아는 나이가 되었다

서리처럼 살아온 날의 가장자리에서
한 구석을 지키고 있던 그녀가
빨간 립스틱을 바르고 그네에 앉아 있다

허둥지둥 다가가
서늘한 온기에 기대보지만

어설프게 그려 놓은 단풍 사이로
바람이 그네를 지나가고 있다

　　　　　　　　　　—「첫사랑」전문

　강수원의 시를 정독하는 동안 사랑의 감정을 형상화한 작품이 전무하다는 사실에 놀라지 않을 수 없었다. 시인은 본래 이성보다 감성이 앞서는 사람이라서 손톱만 한 감정이라도 부풀려 엄살 부리는 경우가 많고, 또 적당한 엄살은 속아주는 척, 매력적인데 말이다. 시「첫사랑」을 발견하고 내심 무릎을 쳤는데, 제목만 그러할 뿐 이 또한 사랑시가 아니었다.

　일단, 제1연에서는 연인과 이별하는 모습을 형상화하고 있으며, 두 번째 연에서는 헤어진 지 20년이 지난 가을날의 심경을 묘사하고 있다. 세 번째 연에서는 이별은 끝이라고 생각했던 것과 달리 또 다른 사랑의 시작이라는 것을 알게 되는 나이란 걸 인식하고 있다. 어느 날 "서리처럼 살아온 날의 가장자리에서/한 구석을 지키고 있던 그녀가/빨간 립스틱을 바르고 그네에 앉아 있"는 것을 발견한다. 허둥지둥 다가갔더니 어설프게 물들기 시작한 단풍 사이로 날아가 버렸다고 형상화하고 있다.

　서리처럼 살아왔다는 것은 굴곡진 삶의 길을 걸어왔다는 말의 은유적 표현일 것이다. 빨간 립스틱을 바르고 그네에 앉아 있던 것은 첫사랑 연인이 아니라 빨간 단풍잎이었던 것이다. 단풍잎을 첫사랑 연인으로 은유함으로써 긴장감을 끌어올리는 한편 해학성까지 가미한 것이다.

제5연을 보면, "서늘한 온기"라는 표현이 눈에 띈다. 따스함이면 따스함이지 서늘한 따스함이라는 표현이 이상하지 않은가? 이것은 상반적인 이미지 혹은 상충되는 낱말을 나란히 배치함으로써 긴장감을 유발시키는 '낯설게 하기' 장치이다. 즉, 가을 날씨는 서늘하지만, 그녀의 품은 따스하다는 표현을 함축적으로 형상화했다고 할 수 있다.

> 배우가 된 아이들이 영화를 찍고 있고
> 부모는 액션을 외친다
>
> 대본대로 진행되지 않을 때는
> 녹초가 되어 가끔 컷을 부른다
>
> 뜻하지 않은 사고와 배우들의 일탈에
> 의욕을 잃기도 한다
>
> 영화는 60대가 넘어도 끝날 줄 모르고
> 흥행 여부에 따라 남은 삶이 결정된다

촬영이 끝나갈 즈음

아이들은 괴물이 되고
부모는 파산한 제작자가 되어 있다
―「인생극장」 전문

시 「인생극장」은 한 편의 영화처럼, 인간의 삶을 재미있게 써서 읽는 내내 미소가 떠나지 않았다. 하지만 이 작품은 재미만 주는 게 아니라 따끔한 경고도 망설이지 않는데, 마지막 부분의 "촬영이 끝나갈 즈음;/아이들은 괴물이 되고/부모는 파산한 제작자가 되어 있다"라는 형상화가 그것이다.

자식에 대한 과잉 기대가 아이를 망치는 지름길인 걸 모르고 부모는 한결같이 일등을 고집하고 최고를 주문한다. 아이가 잘 적응하면 다행이지만, 그렇지 않을 경우 '괴물'을 탄생시키는 영화가 되고 마는 것이다. 이러한 풍조는 한국 사회의 심각한 병폐가 되고 있다. 시 「인생극장」은 교훈을 내면화하고 있는 좋은 작품이라고 하겠다.

6.
강수원은 다복하고 행복한 시인이다. 강수원 시인을

행복하게 만들어 주는 요인은 여러 가지가 있겠지만, 그중 하나가 손자녀와 부대끼는 일이다. 손자녀들의 이야기가 여러 편의 시로 형상화되었지만,「손녀와 놀기」를 골라 읽어보기로 하겠다.

    입꼬리를 올리며/손녀가 팔랑팔랑 들어온다/한 사람 한 사람 안아주며 애교를 부리더니/방마다 자기 물건이 있는지 확인한다/내 손을 잡고 소파에 앉히더니/콩쥐팥쥐 이야기를 엉터리로 읽어주고/장난감으로 요리해 입에다 넣어주며/맛있어요? 하고 묻는다/미끄럼틀이 작아 엉덩방아를 찧을 때마다/까르르 웃으며 또 타라고 재촉한다/청진기를 목에 걸고/심각한 표정으로 진찰하더니/주사를 놓으며 괜찮아요? 하고 물을 때//입가에 저절로 퍼지는/잔물결
                                    —「손녀와 놀기」전문

위 시는 어려운 장치를 도입하지 않아서 읽히는 대로 이해하면 된다. 시를 읽다 보면 다른 말이 필요 없을 정도로 행복한 정경이 오버랩 되어 온다. 이 시의 분위기처럼 활기 넘치는 나날이 이어지길 바라며, 첫 시집 발간을 진심으로 축하한다. 2집, 3집에서는 더욱 견고한 시 세계를 보여 주리라 기대해 마지않는다.

들어오세요

2025년 7월 3일 초판 1쇄 펴냄

지은이 _ 강수원
펴낸이 _ 양문규
펴낸곳 _ 詩와에세이

신고번호 _ 제2017-000025호
주   소 _ (30021)세종특별자치시 조치원읍 충현로 159, 상가동 107-1호
대표전화 _ (044)863-7652
팩시밀리 _ 0505-116-7653
휴대전화 _ 010-5355-7565
전자우편 _ sie2005@naver.com
공 급 처 _ 한국출판협동조합
주문전화 _ (02)716-5616
팩시밀리 _ (031)944-8234~6

ⓒ강수원, 2025
ISBN 979-11-91914-86-3 (03810)

* 지은이와 협의하여 인지는 생략합니다.
* 이 책 내용의 전부 또는 일부를 재사용하려면 반드시 지은이와
  詩와에세이 양측의 동의를 받아야 합니다.
* 책값은 뒤표지에 표시되어 있습니다.
* 이 사업은 대전광역시, (재)대전문화재단에서 사업비 일부를
  지원 받았습니다.

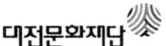